Catherine Grabowski

Le journal de Tristan

GRAND AIR

avec les illustrations de Sylvain Mazas

J'EN AI MARRE !

Je m'appelle Tristan et je ne suis pas drôle.
C'est Will qui le dit. Mais Will, quel bouffon ! Je le déteste ! Quand je pense qu'au début, je le trouvais sympa ! J'ai même dit à Elsa-Marie que c'était le plus sympa des animateurs ! On peut vraiment se
5 tromper !
Tant pis ! Ils peuvent chercher un autre clown. Ils peuvent faire leurs répétitions de cirque idiotes sans moi ! Trop, c'est trop. Je pars !

Je suis quelque part à la sortie de Saint-Malo sur une aire de repos.
J'ai quitté la colonie de vacances et j'ai marché droit
10 devant moi. Je ne vais pas y retourner. Je fais du stop. J'attends.
J'espère que quelqu'un va s'arrêter. Et m'emmener. Loin.

J'entends dans mon sac le bruit d'oiseau que fait mon portable quand de nouveaux textos arrivent. Mais je ne prends pas les appels et je ne lis pas les messages. Je ne veux pas savoir ce qu'ils me disent. Ils sont
15 sûrement en train de me chercher sur la plage. Ils n'ont pas encore compris que je suis parti. Vraiment parti.

Il paraît que j'en fais trop. C'est ce que Will m'a dit. Quel idiot !

« Est-ce que tu peux t'arrêter là, Tristan ? Tu en fais trop, ce n'est pas drôle ! »

J'ai donné un grand coup de pied dans une boîte en carton et je suis
5 sorti. Voilà !

On faisait une impro sur le thème « Quelqu'un est triste et le clown vient consoler cette personne. » Elsa-Marie s'est assise sur la scène et elle a fait « Bouhouhou ! » très fort comme une enfant qui pleure.

Il fallait vite trouver une idée… Mais laquelle ?

10 En fait, il y avait un tas de possibilités… Mais ma tête était vide.

Je courais autour d'Elsa-Marie, je faisais « Oh ! », « Ah ! » et je rigolais fort… Mais il ne se passait rien. Je n'étais pas capable de la consoler et je me sentais nul. Je déteste vraiment les gens qui pleurent ! Et je déteste encore plus les animateurs qui inventent des impros idiotes.

15 Qu'est-ce qu'il croit, ce Will ? Il pense que s'il nous lance une idée, on va courir après elle comme un petit chien après un os ? Je ne veux plus faire ces impros zarbis ! Et je ne veux consoler personne ! Même pas au théâtre !

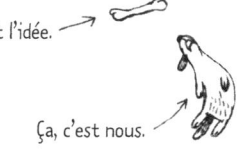

31 juillet, sur l'autoroute, 17 heures

Ça y est! Quelqu'un s'est arrêté et m'a emmené!

Il s'appelle Killian, il a une moustache comme le vendeur de poissons d'Astérix et il conduit un camion qui transporte du poisson de Saint-Malo jusqu'en Allemagne. Je ne savais même pas qu'on mange du
5 poisson breton en Allemagne!

Killian mesure 1 m 60 pour 100 kilos et il m'appelle « petit ». Il me présente sa collection de porte-bonheurs et me pose un tas de questions.

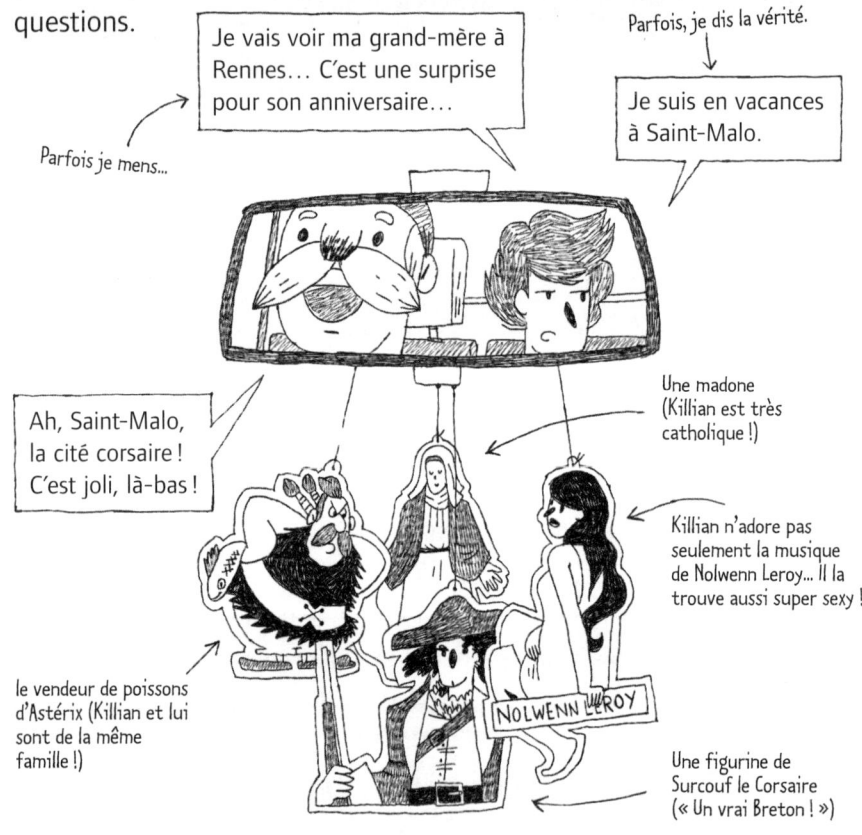

Je vais voir ma grand-mère à Rennes… C'est une surprise pour son anniversaire…

Parfois je mens…

Parfois, je dis la vérité.

Je suis en vacances à Saint-Malo.

Ah, Saint-Malo, la cité corsaire! C'est joli, là-bas!

Une madone (Killian est très catholique!)

Killian n'adore pas seulement la musique de Nolwenn Leroy… Il la trouve aussi super sexy!

le vendeur de poissons d'Astérix (Killian et lui sont de la même famille!)

NOLWENN LEROY

Une figurine de Surcouf le Corsaire (« Un vrai Breton! »)

Je me sens bien dans le camion de Killian. Je regarde la route.
10 La colo est loin maintenant. C'est cool. Mais quand je pense à Will, j'ai encore envie de le frapper. Quel idiot!

Heureusement, Killian parle tout le temps.

Je viens de Saint-Nazaire… Mon père était pêcheur. La mer, c'était son truc. Moi, je ne voulais pas devenir pêcheur comme lui. J'ai fait de la mécanique… Et maintenant, je transporte des poissons !

Ah, petit, tu verras ! Il y a beaucoup de surprises dans la vie ! Maintenant, j'ai la Madone et 200 000 sardines derrière moi. Alors, il ne peut plus rien m'arriver ! Et toi, tu voudrais faire quoi, plus tard ?

Je réfléchis. Je ne sais pas encore ce que je veux faire. Mais je ne veux pas faire le clown, ça c'est sûr. Je ne veux pas faire le clown sur scène avec un nez rouge comme Will ou dans une émission à la télé
5 comme mon père. Je ne veux pas non plus faire le clown dans un bureau avec un costume et une cravate. Ou comme certains profs à l'école… Non, je ne veux pas jouer de rôle du tout…
Comme je ne dis plus rien, Killian met de la musique. Bien sûr, c'est un CD de Nolwenn Leroy. ⟵‾‾‾‾ Je trouve ça ultra kitsch,
10 Il chante avec elle.   mais Killian est vraiment fan !
C'est rigolo.
« Et tu as encore beaucoup de projets pour les vacances ? »
Je lui raconte que j'ai fait une colo en juillet. Je ne lui dis pas qu'elle n'est pas finie et que je suis parti avant la fin. On parle un peu des
15 colos autrefois et des colos aujourd'hui. Quand Nolwenn Leroy commence à chanter sa chanson préférée, il met plus fort. Il chante, et moi je rêve. Mon téléphone sonne. Je le mets sur silencieux.

Liste de mes colos

La colo géocaching en Provence ☆☆☆☆

J'avais neuf ans. Un copain avait le même livre de géocaching que l'animateur. À la fin du livre, il y avait un plan avec toutes les caches… On connaissait donc tous les parcours ! Alors, les autres
5 cherchaient, et nous, pendant ce temps, on courait jusqu'à la cache et on y mettait des insectes morts ou du caca de lapin ! Quand les filles découvraient la cache, elles criaient, et nous, on rigolait !

La colo VTT dans les Vosges ★☆

← À cause des « Feux de l'amour » !

Ma colo catastrophe : Le premier jour, j'ai vomi dans le bus !
10 Le deuxième jour, je suis tombé à VTT. J'ai fait un vol plané de dix mètres !

Le lendemain, j'étais bleu et plein de cicatrices, c'était plutôt Mister Freeze.

Pendant quelques secondes, je me suis senti comme Batman.

Le troisième jour, on s'est baignés au Lac Vert. L'eau était très très froide, dix degrés, je crois… Le soir, j'ai eu quarante de fièvre. Mon père est venu me chercher. J'ai passé le reste des vacances chez ma
15 grand-mère devant la télé. On regardait tous les jours sa série préférée : « Les Feux de l'amour » ! Et on rigolait beaucoup…
À la fin de mon séjour, je savais imiter toutes les voix de la série !

La colo en camping à Chinon ☆☆☆

J'ai presque passé la nuit dans le château de Chinon. Avec un copain,
20 on trainaît un peu. Tout à coup, le gardien a fermé la porte, et nous, on était encore dans la tour. Heureusement, l'animateur a compté les enfants à la sortie. Il a remarqué qu'on n'était pas là et il est revenu nous chercher. On a été les héros de la soirée. J'ai même reçu mon

premier baiser ce soir-là. C'était sur la plage, au bord de la Loire…
La fille s'appelait Mathilde et elle avait des cheveux de princesse.
C'était quand même bien, cette colo…

La colo équitation en Camargue ☆☆

5 Je ne suis pas très copain avec les chevaux, mais à cette époque,
j'aimais bien les filles qui aiment les chevaux…

La colo accrobranche et escalade dans les Cévennes ♡💣

Pour résumer : J'y ai passé des moments incroyables avec une fille qui
s'appelait Valentine. J'en suis revenu le cœur brisé (à cause de cette
10 fille qui s'appelait Valentine). C'est vraiment un mauvais souvenir !

La colo surf près d'Arcachon ☆☆☆ ←— Parce que c'est quand même bien l'amour !

C'était il y a deux ans. J'avais 14 ans, et je sortais avec Lucie depuis
une semaine et demie. Elle m'a accompagné à la gare. Quand elle a
vu toutes les filles qui partaient avec moi, elle est devenue ultra
15 jalouse ! Elle m'envoyait 20 textos par jour. Je devais lui écrire toutes
les heures que je l'aimais et que je n'aimais personne d'autre, mais
quand on fait du surf toute la journée, c'est difficile ! Résultat : Je me
suis stressé tout le temps, je n'osais même plus regarder les filles de la
colo, et quand je suis rentré, Lucie m'a quitté quand même !

La colo cirque en Bretagne, l'année dernière ☆☆☆☆

20 C'était génial. La meilleure colo de ma vie. On a préparé un spectacle
de cirque pendant deux semaines, et ensuite, on l'a montré dans des
petits villages bretons ! C'est la spécialité de l'organisme qui propose
cette colo : On présente le spectacle comme des vrais professionnels !
25 Les enfants venaient avec leurs parents pour nous voir ! On était les
stars ! Comme ça nous a beaucoup plu, on a tous voulu recommencer
cette année ! Mais à cause de Will, ça s'est passé autrement…

31 juillet, Parc du Thabor à Rennes, 19 heures 10

Le voyage avec Killian était cool, mais il n'a pas duré très longtemps.
Nous sommes arrivés à Rennes vers sept heures, Killian m'a dit
« Bonne chance, petit ! » et je suis descendu du camion.
Pour ma grand-mère… Je crois qu'il ne m'a pas cru. Mais il était
5   vraiment sympa quand même.
Maintenant, je suis dans le parc du Thabor et je mange un sandwich
près de la fontaine. J'ai aussi envie d'une crêpe, mais je ne veux pas
dépenser trop d'argent. À la colo, ça va bientôt être l'heure du repas.
Je repense à tout ce qui s'est passé ces derniers jours… Zut ! C'est
10 trop nul ! Je les déteste tous !
Pourtant, au début, c'était plutôt bien…

J'ai retrouvé plusieurs personnes que je connaissais déjà, parce
qu'elles étaient là l'année dernière : Mélanie, l'animatrice qui organise
tout tout le temps (l'emploi du temps, les menus, les soirées,
15 les répétitions, les visites, qui dort avec qui…). Non, j'exagère, mais pas beaucoup…
Césario, le jongleur qui adore draguer, et bien sûr, Elsa-Marie…
Elsa-Marie… Elle n'est pas comme les autres filles… Elle porte
toujours un tee-shirt noir avec l'image d'un groupe de musique que
je ne connais pas, et elle n'essaie jamais de plaire aux garçons…
20 Depuis l'année dernière, je lui dis tout le temps :
« Elsa-Marie, tu n'es pas une fille,
tu es du chewing-gum ! »
Et c'est vrai !
Elle peut prendre
25 toutes les positions
possibles, c'est
incroyable !

Elsa-Marie en position yoga
pendant la soirée autour du feu.

8

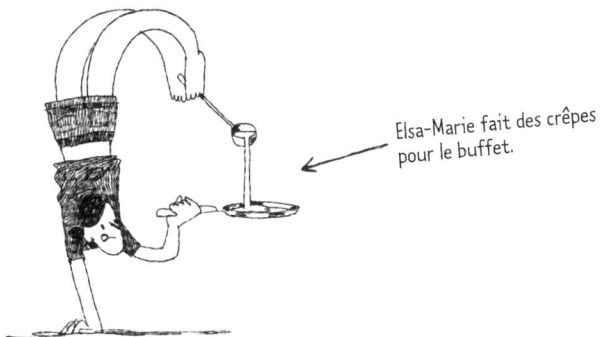

Elsa-Marie fait des crêpes pour le buffet.

Quand on parle avec Elsa-Marie, on voit plus souvent ses pieds que son visage…

Bonjour Elsa-Marie… Tu as bien dormi ? Tes chaussures ont l'air fatiguées ce matin…

Et quand on voit son visage,
c'est parce qu'elle est suspendue dans un arbre…

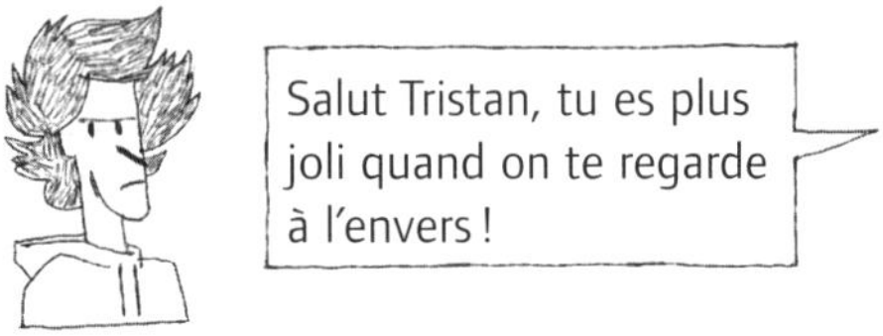

Salut Tristan, tu es plus joli quand on te regarde à l'envers !

5 L'année dernière, avec Césario, on a dragué presque toutes les filles de la colo, mais pas Elsa-Marie. Pour nous, Elsa-Marie n'était pas une fille qu'on pouvait draguer. Elle bougeait trop. Mais on aimait bien se moquer d'elle, et je crois qu'elle aimait bien ça aussi. Je lui disais pour rigoler : « Elsa-Marie, tu n'es pas une fille, tu es une balle de ping-
10 pong ». Elle me faisait un petit signe avec la main entre deux saltos et partait. J'aimais bien.

Le truc nouveau à la colo cette année, c'était Will. Un animateur québécois, fan du Cirque du Soleil. Il est arrivé avec un tas d'idées et de nouvelles méthodes. J'ai compris ça quand j'ai eu ma première répétition de clown avec lui. Pour lui, être clown, ce n'est pas seule-
5 ment faire des blagues, non, être clown, c'est une philosophie.
Nous avons eu vraiment des difficultés avec ses théories !
Carrément zarbi ! Il fallait l'entendre, un vrai truc de fou !

POUR ÊTRE UN BON CLOWN, IL FAUT OUBLIER SES VIEUX RÔLES

TU ES DRÔLE QUAND TU DÉCOUVRES QUI TU ES, PAS QUAND TU IMITES LA PERSONNE QUE TU PENSES ÊTRE.

QUAND TU METS TON NEZ ROUGE, TU PEUX ENLEVER LE MASQUE QUE TU PORTES CHAQUE JOUR.

QUAND TU AS PEUR, TU N'ES PAS DRÔLE. QUAND TU FAIS SEMBLANT D'AVOIR PEUR, TU PEUX ÊTRE TRÈS DRÔLE.

Avec Césario, on s'amusait à imiter ses phrases bizarres, et parfois, on se moquait aussi de lui.... Mais en fait, on s'intéressait un peu quand même. On ne comprenait pas tout, mais on essayait...
On s'entraînait aussi pas mal.

5 À la colo, le programme était chargé. On avait de nouveau deux semaines pour préparer le spectacle. Il fallait se dépêcher. Mélanie faisait des photos, des listes et des emplois du temps dans son petit cahier. Césario jonglait. Il jonglait avec des balles. Il jonglait avec des assiettes... Il jonglait avec les filles !

10 Les filles s'entraînaient aussi. Elles faisaient des pyramides humaines. Cette année, les filles de la colo étaient beaucoup plus jeunes que nous, elles portaient des leggings de toutes les couleurs et avaient des noms qui finissent tous avec un A: Laura, Lara, Léa, Lila...
Elles ne m'intéressaient pas beaucoup. Pour moi, elles n'avaient rien

15 de spécial. Ce n'était pas comme la fille-aux-yeux-couleur-de-l'océan-le-matin...

Zut, il est 20 heures 30, le parc ferme. Je dois partir. C'est nul. Pourquoi est-ce que les parcs ne sont pas ouverts toute la nuit ?

31 juillet, centre-ville de Rennes, 23 heures 30

J'ai envie de rester seul. J'ai besoin de réfléchir. J'ai marché longtemps dans la ville. Finalement, j'ai trouvé un banc sur une place
animée dans le centre-ville. Je me demande où je vais dormir.
Ce n'est pas la première fois que je ne dors pas la nuit, mais ça va être
5 ma première nuit tout seul dehors. Pour me donner du courage,
je pense à mes nuits blanches.

Best-of de mes nuits blanches

- La nuit où on a construit Le Mont-Saint-Michel
  en minecraft avec mon copain Bastien. Le lendemain,
10 mes yeux étaient tout rouges. Au petit-déjeuner,
  même mon croissant était pixellisé !

- La nuit où on a regardé trois saisons d'American Horror Story
  avec Bastien dans sa maison à la campagne. ← À côté de ça, une nuit dans la rue, c'est du pipi de chat !

- La soirée chez mon copain Julien… Il y avait la moitié des filles
15 de troisième. Lui et moi, on a fait un concours : Qui embrassera
  le plus de filles ? J'ai gagné avec un score de quatre contre trois !
  Mais le lundi, au collège, c'était assez compliqué…

- ♥ La nuit où j'ai embrassé Valentine. J'étais fou amoureux.
  À une heure du matin, un animateur est arrivé et on a dû se
20 séparer… Mais je ne pouvais pas dormir. J'ai rempli
  un cahier avec des cœurs. Quand elle m'a quitté
  deux semaines plus tard, j'ai eu besoin de
  plusieurs heures pour les déchirer tous.

- Et puis, bien sûr, ma première nuit blanche,
25 à sept ans… sur une île déserte… en Bretagne,
  d'ailleurs…

Je prends mon portable pour regarder mes messages.
Je crois que j'ai une idée : Cette fois, c'est moi qui vais leur lancer
un os.

12

Nouveaux messages

Mélanie, 16 heures
Tristan, zut, t'es où ? Will dit que vous vous êtes disputés et que tu es parti. Reviens ! Tu exagères ! Will et toi, vous discuterez et tout ira mieux ! J'en suis sûre !

16 heures 17
sans message

Will, 16 heures 36
Tristan, je suis désolé, je ne voulais pas te blesser.
Appelle-moi, je viens te chercher et on discute, d'accord ?

Maman, 19 heures
Tristan, mon trésor, l'animateur de ta colo a appelé. Pourquoi est-ce que tu es parti ? Il a dit que tu étais furieux. Qu'est-ce qui s'est passé ? Il s'inquiète. Est-ce que tu peux rentrer, s'il te plaît ?
Je m'inquiète beaucoup aussi. Rappelle-moi, ta maman qui t'aime.

Papa, 19 heures 40
Écoute, je suis justement entre Trégastel et Ploumanac'h, sur la Côte de Granit rose avec toute mon équipe. On fait un reportage. Et toi, tu es où ? Il faut que tu répondes. Si tu n'appelles pas, on devra prévenir la police !

Césario, 20 heures 17
Eh Tristan ! Arrête ! Tu connais Will ! Il ne faut pas écouter tout ce qu'il dit ! Allez ! Reviens !

Elsa-Marie, 22 heures 42
Tristan, je sais où tu es ! Si tu ne reviens pas, j'irai te chercher !

Moi, 23 heures 47
Non, je ne rentrerai pas. Si vous me connaissez, vous saurez me retrouver.

1er août, le Mango, 1 heure du matin

Autour de moi, tout est rouge et il y a un bruit incroyable.

Je n'entends plus mon téléphone, je n'entends plus rien. Je suis dans une discothèque qui s'appelle le Mango. Je n'ai pas envie de danser. Je suis au bar. J'observe les gens. J'écris dans mon cahier.

Les gens me trouvent sûrement bizarre, mais ça m'est égal.

5 Je bois un coca.

Je vois des gens qui draguent, des gens qui dansent, des gens qui s'ennuient… Le garçon qui s'occupe du bar parle avec une fille qui porte une jolie robe rose. Mais tout à coup, la fille s'énerve. Je crois qu'ils se disputent. Les gens qui boivent au bar les regardent.

10 La fille repousse son verre, il tombe et se casse. Elle part. Le garçon la regarde. Il n'est pas furieux, il est triste. Je comprends que ce n'était pas, pour lui, une cliente comme les autres.

Je suis un peu fatigué, alors je dessine dans mon cahier.

Je repense à la fille-aux-yeux-couleur-de-l'océan-le-matin…

15 Où est-ce qu'elle est maintenant ? Qu'est-ce qu'elle fait ? Elle dort, sûrement. Où est-ce qu'elle dort ?

Dans une tente, à côté de son petit frère ?

Dans un bel hôtel sur la côte avec un lit de princesse et une vue sur la mer ?

Dans un village de vacances où il y a un Club Mickey ?

Le Fest-Noz de Saint-Malo du 25 juillet

J'ai rencontré la fille-aux-yeux-couleur-de-l'océan-le-matin au
Fest-Noz de Saint-Malo... Un Fest-Noz est une fête bretonne où
des musiciens jouent des musiques traditionnelles
et où tout le monde danse.　　　　　Ça a l'air un peu nul comme ça,
　　　　　　　　　　　　　　　　　　　mais en fait, c'est génial !
5　Le jour du Fest-Noz de Saint-Malo, il pleuvait mais ce n'était pas
grave, les gens dansaient sous la pluie. Will et Mélanie dansaient
ensemble. Césario avait une fille à chaque bras. Moi, je dansais avec
les autres filles en A autour d'Elsa-Marie, qui faisait des roues et des
saltos. Et puis, tout à coup, cette fille est arrivée... Une fille qui
10　n'était pas à la colo. C'était une fille incroyable, avec des yeux de
chat, des yeux bleus comme l'océan le matin. Des yeux...

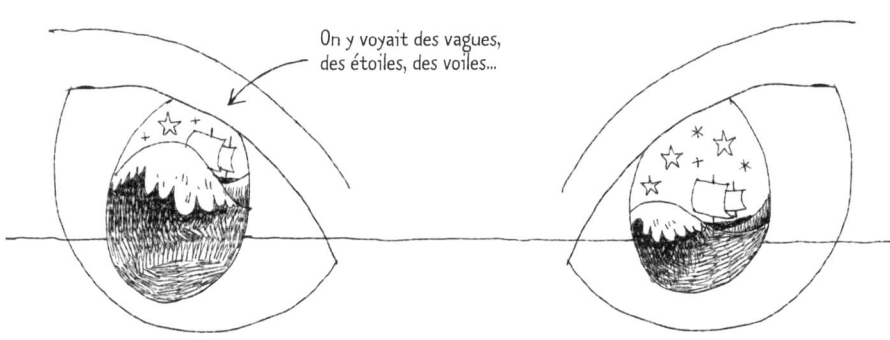

On y voyait des vagues,
des étoiles, des voiles...

Elle était là avec son père, sa mère et son petit frère.
C'est bizarre, mais elle a tout de suite quitté sa famille et elle est
venue près de nous pour danser. Je crois qu'elle voulait juste entrer
15　dans notre groupe. Elle n'a pas dansé avec Césario. Elle n'a pas dansé
avec moi. Elle dansait avec tout le monde et avec personne. Même
Elsa-Marie a arrêté de faire des saltos quand elle est arrivée. Elle était
magnifique.
Devant elle, je me suis senti tout timide. Je n'osais pas lui parler.

1er août, le Mango, 4 heures du matin

Il est tard. Les gens quittent la discothèque. Je me demande où je vais aller quand elle fermera. Tout à coup, le mec du bar passe à côté de moi. Il regarde mes dessins et s'arrête :

> Alors, on dessine des Mickey toute la soirée et on ne va pas danser ?

Je crois que je fais une tête bizarre parce qu'il
5 rigole et montre mon verre qui est vide.

> Qu'est-ce que tu bois ? Tu voudrais une bière ? Je t'invite !

Il apporte deux bières. Je lève mon verre, nous buvons. Il s'appelle Loïc.

> Alors, qu'est-ce qui se passe, Mickey ? Tu es amoureux, ou quoi ?

Il a l'air sympa, alors je lui parle de la fille-aux-yeux-couleur-de-l'océan-le-matin.

> J'étais en train d'imaginer où est-ce qu'elle passe ses vacances…

> Et ben dis donc ! Elle doit vraiment te plaire si tu dessines des Mickey…

> Après le Fest-Noz, j'attendais un texto, mon cœur explosait chaque fois que mon portable sonnait ! Je pensais à elle tout le temps… Et puis… j'ai compris que je ne l'intéressais pas : C'est pas une fille pour moi.

> Oh, ça va ! C'est une fille, pas une étoile ! Pourquoi est-ce que tu ne la cherches pas ? Tu dis qu'elle était au Fest-Noz de Saint-Malo ? Mais alors, qu'est-ce que tu fais à Rennes ? C'est sur la côte qu'il faut la chercher !

16

Hmm, j'ai dû quitter Saint-Malo…

Tu as dû quitter Saint-Malo ? Qu'est-ce que t'as fait ? T'as braqué une banque ? Tu as l'air d'être un garçon gentil pourtant…

On rigole ensemble. Et je lui raconte tout, le cirque avec Will, Elsa-Marie qu'il fallait consoler, l'aire de repos, Killian et son camion… Et puis, j'attaque :

Et toi, tu me donnes des conseils, mais tu n'as pas couru derrière la fille avec la jolie robe rose quand elle est partie !?

Loïc ne répond pas. Il regarde sa bière.

C'est ta copine ?

Oui… Oui, c'est… c'était… je ne sais pas trop… On est ensemble depuis la troisième, alors tu vois… On avait 15 ans quand on s'est rencontrés, ça fait neuf ans maintenant qu'on est ensemble… Elle est comme toi, elle dessine tout le temps. C'est même ça, le problème…

5 On discute encore. La discothèque est presque vide. Les gens ne dansent plus. Je reconnais un titre que j'ai entendu cet après-midi dans le camion de Killian. Loïc pense la même chose que moi.

Quand le DJ met Nolwenn Leroy, il est l'heure d'aller se coucher ! Tu as un endroit où dormir cette nuit ? Si tu veux, tu peux venir chez moi, j'ai un canapé…

1er août, appart' de Loïc, 10 heures

Loïc a acheté des croissants et il est en train de préparer un café. Il a mis un CD de musique bretonne, The Celtic Social Club, qui me plaît bien ! Son appartement est au sixième étage, tout près du parlement de Bretagne. Nous sommes à la même hauteur que le drapeau noir et
5 blanc de la Bretagne. Il flotte dans le vent, juste devant nos fenêtres. Loïc me raconte l'histoire de toutes les manifs qui ont eu lieu ici... Ils sont forts, ces Bretons !

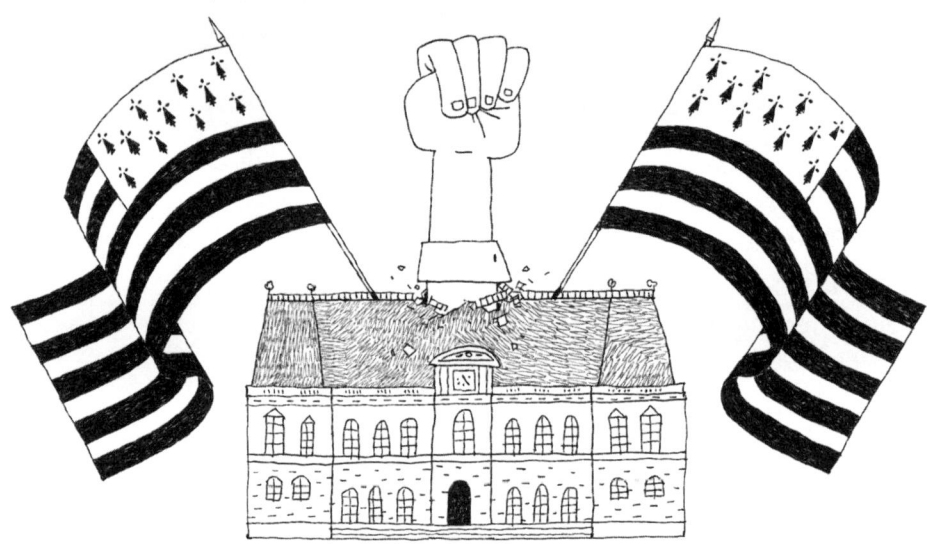

Je regarde l'appartement. Sur les murs, il y a partout des photos d'Éliane, la fille avec la robe rose. Loïc m'a tout raconté. Ils se sont
10 disputés parce qu'elle vient d'avoir une place dans une école de bédé en Belgique, à 700 kilomètres d'ici ! Elle veut absolument y aller mais Loïc ne veut pas l'accompagner.

Il ne veut pas quitter la Bretagne. Il est en train de finir ses études, il aime son travail à la discothèque, il a tous ses copains ici... Je le
15 comprends... Il est vraiment breton jusqu'au bout des ongles !

Mais je comprends aussi Éliane. Cette école de bédé, c'est son rêve. Elle ne peut pas le lâcher comme ça ! Tout à coup, je raconte à Loïc l'histoire de mes parents.

Ils se sont installés à Paris quand j'avais huit ans. Avant, on habitait en Bretagne, près de Quimper. Et puis, mon père a eu ce travail pour TF1. Il est devenu animateur d'une émission d'aventure pour les jeunes à la télé. C'était la chance de sa vie. Il est devenu riche, il est

5 devenu célèbre, il a pu faire plein de reportages super intéressants… Mais pour ma mère, ce n'était pas terrible. Elle a dû quitter son travail au théâtre de Quimper. À Paris, la concurrence était plus grande. Elle n'a pas pu travailler comme actrice… Et elle a commencé à aller mal… vraiment mal…

10 C'est la première fois que je raconte tout ça à quelqu'un… Normalement, cette histoire, j'y pense, mais je n'en parle jamais ! Et en plus, Loïc, je ne le connais même pas ! Mais il est cool. Il écoute. Il réfléchit. Il dit qu'en fait, il pourrait peut-être ouvrir une crêperie en Belgique. On rigole. On mange les croissants, on boit beaucoup de

15 café, je dessine. Il est environ midi quand je dis au revoir à Loïc. Avant de partir, je lui offre mon dessin du parlement. On se dit « Bonne chance ». Je ne sais pas encore comment ce voyage finira, mais j'ai déjà gagné un copain. Et j'espère que Loïc et Éliane se retrouveront !

1er août, gare de Rennes, 12 heures 52

Maintenant, je suis à la gare. Je me demande ce que je fais là. *Il pleut.*
La vie au grand air, c'est bien sympa, mais là, j'ai froid.
En même temps, je ne voudrais pas être à la colo. Je suis content de
ne plus devoir écouter les commentaires nuls de ce Will ! Je suis aussi
5 content que mes parents s'inquiètent un peu pour moi… *Il pleut encore.*
Oui, je suis content d'être parti, mais je voudrais vraiment que
le bus arrive !
Je pense encore à mes parents. Ma mère aimait le vent, la campagne
et les légendes bretonnes. Mon père aimait l'océan et les histoires de
10 bateaux. Ensemble, on était beaucoup dehors et on vivait de grandes
aventures quand j'étais petit. Pour mon anniversaire, mes parents
organisaient toujours des chasses au trésor géniales, ils inventaient
tout ! Mes parents étaient ultra créatifs.
Un jour, ils ont même caché le trésor sur une île. C'était une île près
15 de la côte, à côté de Douarnenez. Enfin, presque une île :

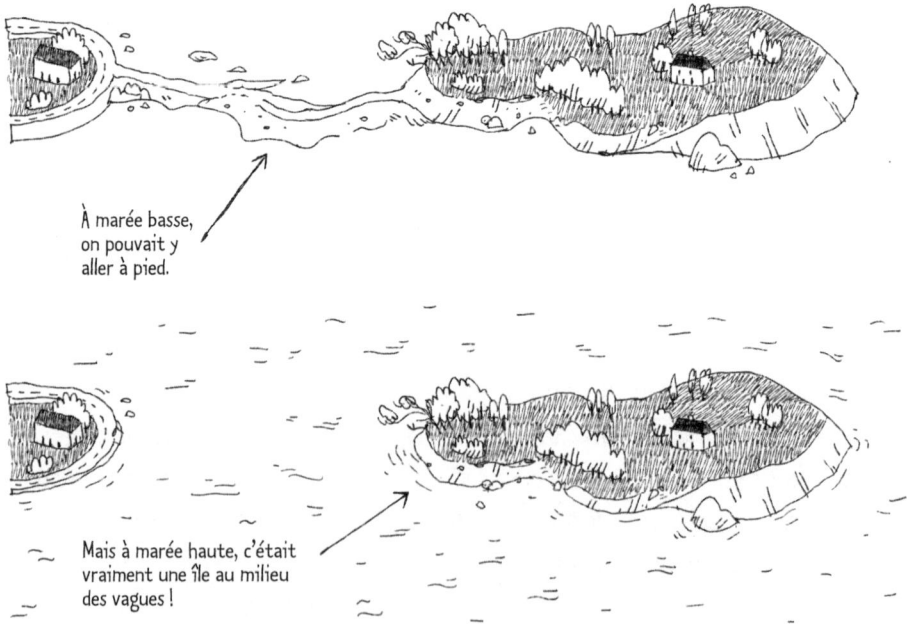

À marée basse,
on pouvait y
aller à pied.

Mais à marée haute, c'était
vraiment une île au milieu
des vagues !

20

Et le truc incroyable, c'est qu'elle s'appelait l'île Tristan ! Mon île !
On y est allés, avec mes parents, Bastien et quelques autres copains.
Nous avons marché sur les rochers. C'était drôle. Nous avons longtemps cherché le trésor. Il était dans le trou d'un arbre. Il y avait des
5 bonbons, des gâteaux, des jeux… On a mangé, on a joué, on s'est
reposés... Tout à coup, on a découvert que c'était marée haute et
qu'on ne pouvait plus rentrer ! Alors, on a fait un grand feu, on a tous
dansé sur la plage, et on n'a pas dormi... Quand on a quitté l'île, le
jour se levait ! Ça a été le plus beau jour de ma vie. C'était le jour de
10 mes sept ans. Mon dernier anniversaire en Bretagne.
L'année suivante, mon père a eu son nouveau travail et nous sommes
partis à Paris. Là-bas, notre vie a changé. Mon père inventait des
histoires et des blagues pour les enfants de la France entière. Son
emploi du temps était très chargé. Il n'avait plus vraiment de temps
15 pour moi. Quand il était avec moi, il m'observait, il me testait…
C'était nul. Je n'étais plus son fils, j'étais son rat de laboratoire !

Il ne partait plus en vacances avec nous. Il n'avait pas le temps.
Il faisait encore des voyages, mais c'était avec l'équipe de son émission de télé. C'est à cette époque que j'ai commencé à aller en colo.

1ᵉʳ août, le bus pour Paimpont, 13 heures 35

Maintenant, il pleut très fort. Heureusement, le bus vient d'arriver.
Je monte. Devant moi, il y a une mère avec sa fille. La petite fille
a six ou sept ans et répète tout le temps le même truc :
« Maman, je peux regarder Dani ? »

5 Au début, je ne comprends pas.
Et puis, je vois la mère qui prend une tablette dans son sac.
« Oui, tu peux regarder Dani ! »
Elle va sur youtube et clique sur une émission de télé. Là, je com-
prends. Dani, c'est Daniel Lemarchu, l'animateur de « Grand Air »,

10 l'émission du mercredi qui, pendant les vacances d'été, passe tous
les jours de 13 heures 30 à 17 heures. On le voit aussitôt sur l'écran,
grand, sympathique, bronzé, cool… mon père.
Il a vraiment bien pris le soleil ou alors l'équipe
de maquillage a renversé la boîte de fond de teint.

15 « Grand Air » est une émission sur la nature et l'aventure. Il y explique
des trucs, il fait des interviews avec des personnes qui vivent à la
campagne ou sur la côte… Ah, on apprend sûrement beaucoup de
choses dans cette émission, mais moi, j'ai surtout appris à détester les
grands airs que se donne mon père !

20 Il dit qu'il a choisi un super thème pour ses jeunes amis en vacances.
Je suis soudain très intéressé. Ahah, lequel ? Et bien, cela va être le
thème des poissons !

Il se prépare.

Mais pas tous
les poissons,
non… seulement
les poissons
dangereux !

22

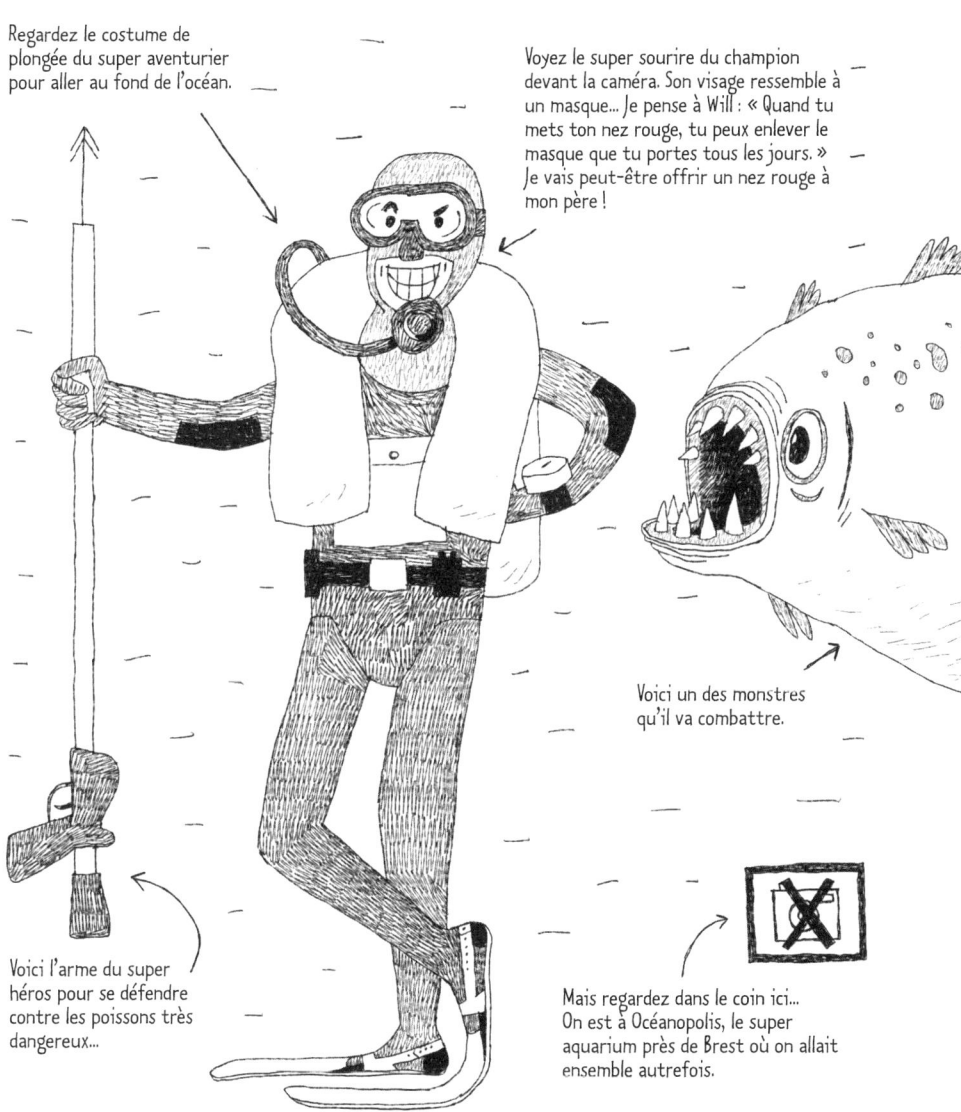

Regardez le costume de plongée du super aventurier pour aller au fond de l'océan.

Voyez le super sourire du champion devant la caméra. Son visage ressemble à un masque... Je pense à Will : « Quand tu mets ton nez rouge, tu peux enlever le masque que tu portes tous les jours. » Je vais peut-être offrir un nez rouge à mon père !

Voici un des monstres qu'il va combattre.

Voici l'arme du super héros pour se défendre contre les poissons très dangereux...

Mais regardez dans le coin ici... On est à Océanopolis, le super aquarium près de Brest où on allait ensemble autrefois.

C'est typique ! Mon père joue les héros devant les caméras, mais en vérité, il n'est pas vraiment courageux. Quand il filme des poissons dangereux, c'est toujours derrière une vitre en verre ! Dans la vraie vie, même les algues lui font peur.

Et moi dans tout ça ? toujours dans le bus

J'en ai marre. Je change de place. Je vais le plus loin possible de la petite fille avec sa tablette. Maintenant, je regarde la pluie sur la fenêtre du bus. Dans ma poche, mon téléphone vibre encore. Je l'éteins.

5 Je regarde la campagne, je rêve.

Loïc dit que la fille-aux-yeux-couleur-de-l'océan-le-matin n'est pas une étoile et que je dois la chercher. Mais pour moi, elle a quelque chose de magique…

À la fin du Fest-Noz, ses parents lui ont fait signe, ils voulaient
10 rentrer. Moi, je ne pouvais pas la laisser partir comme ça ! Normalement, je sais assez bien parler aux filles, mais là, tout à coup, je suis devenu très timide. Je suis allé vers elle, je lui ai donné un papier avec mon numéro de portable et j'ai dit : « Je m'appelle Tristan. »
Ce n'est pas mon style, mais je n'ai pas pu dire autre chose !
15 Elle a juste répondu :

« Tristan ? Alors, tu es tout le temps amoureux ? »
Puis elle m'a regardé avec ses yeux
couleur-de-l'océan-le-matin, elle a
pris le papier et elle est partie !
20 Entre son papa, sa maman et
son petit frère. Voilà, c'est tout !
C'était l'horreur ! En plus, toutes
les filles en A ont vu la scène et
rigolaient, sauf Elsa-Marie qui
25 ne disait rien. La honte !
Je me suis senti comme un vrai
Tristan romantique de merde !

Il faut dire que j'ai toujours eu des difficultés avec mon prénom.
Ma mère était une grande fan des histoires du roi Arthur et des
chevaliers de la table ronde. Elle m'a appelé Tristan à cause de ça.
Moi, j'aimais bien les histoires de chevaliers…

Gauvain était fort
et courageux !

Yvain n'avait jamais
peur !

Même Lancelot était
un vrai héros !

5 Mais Tristan n'était pas comme ça. Tristan n'était pas courageux.
Il était juste amoureux. C'était nul !
Les gens qui connaissent la culture bretonne du Moyen-Âge pensent
tous que je suis un grand romantique qui cherche Yseult, son amoureuse… Les autres pensent que Tristan, ça veut dire « triste ». À l'école
10 primaire, j'avais surtout des problèmes à cause de ça. Les autres se
moquaient :
« Oh Tristan, qu'est-ce que t'as ? T'es triste ? »
Je ne voulais pas que les autres se moquent de moi.
C'est pour ça que je suis devenu drôle. Avant, j'étais un élève modèle.
15 Après, je suis devenu le clown de la classe.

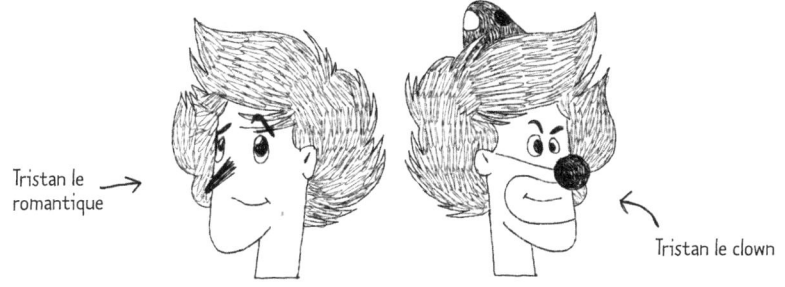

Tristan le
romantique

Tristan le clown

Je pouvais choisir. J'ai choisi Tristan le clown.

1er août, le bouchon, 14 heures 45

Le bus ne bouge plus depuis dix minutes. Il y a plein de voitures devant nous. Qu'est-ce qui se passe ? Zut ! On est dans un bouchon. J'en ai marre. Tout ça à cause de ce Will !

Il pleut toujours.

Qu'est-ce qu'il attend ? L'année dernière, on a très bien réussi
5 le spectacle de cirque sans lui !

Le lendemain du Fest-Noz, il s'est passé un truc bizarre. J'avais une répétition avec Will et Elsa-Marie pour le spectacle de clown. Bon, okay, je n'avais pas les idées très claires, j'avais encore la tête dans les étoiles à cause de la fille-aux-yeux-couleur-de-l'océan-le-matin…

10 Je n'avais pas envie d'être Tristan le romantique, mais je ne me sentais pas très bien en clown non plus. Je crois que je ne me suis même pas moqué d'Elsa-Marie ce matin-là… J'ai oublié…

15 Will nous a présenté un nouvel exercice. Je devais prendre mon nez de clown par terre, le mettre, regarder le public et tout de suite réagir. Will m'a dit : «Tu regardes le public et tu montres tes émotions. Si tu es content, tu montres que tu es content. Si tu as peur, tu montres que tu as peur.»

20 J'étais d'accord. Pour une fois, je comprenais ce qu'il voulait.
J'ai pris mon nez rouge, je l'ai mis, j'ai levé les yeux, j'ai regardé le public…
Le public, ce jour-là, c'était Elsa-Marie. Ou plutôt : c'était Elsa-Marie et ce n'était pas elle. Elle n'était pas comme d'habitude.
25 Elle ne marchait pas sur les mains, elle ne faisait pas de salto.
Elle ne bougeait pas. Elle me regardait. Avec de grands yeux.
Et je ne reconnaissais pas ces yeux. Ils étaient noirs. C'était des yeux-de-la-nuit-qui-tuent. Quelle découverte ! Qu'est-ce qu'elle avait ? Je n'y comprenais rien !
30 Will attendait. Il voulait qu'on joue.

26

Je me suis souvenu de ses explications : J'étais étonné, alors, j'ai montré ma surprise. J'ai ouvert mes yeux très grands, j'ai reculé, j'ai montré que j'avais peur, puis j'ai avancé et j'ai regardé Elsa-Marie de tous les côtés… J'ai lu pour la première fois sur le tee-shirt qu'elle
5 porte le nom du groupe qu'elle aime. Vaudou Game, jamais entendu !
J'ai découvert sur son visage des émotions que je ne connaissais pas, j'ai découvert qu'elle n'était plus une balle de ping-pong ou un chewing-gum, qu'elle n'était plus une petite fille non plus. C'était bizarre. Elle ne disait rien et surtout, elle ne bougeait pas. Qu'est-ce
10 qu'elle avait ? C'était une énigme. L'énigme Elsa-Marie.

Le bus a fait quelques mètres et s'est arrêté de nouveau. On est encore dans le bouchon. C'est incroyable. Cela dure depuis une heure ! Devant, dans le bus, même la fille qui regardait l'émission « Grand Air » sur sa tablette n'a plus envie de regarder. Elle en
15 a marre du plus grand aventurier de France. Et je la comprends ! Je regarde la campagne bretonne autour de nous. Quand nous sommes partis à Paris, je ne voulais pas quitter la Bretagne, mais maintenant, la Bretagne aussi m'énerve. Pour passer le temps, je vais faire deux listes.

Liste des choses qui ne me plaisent pas en Bretagne

la pluie

les endroits où il y a trop de touristes

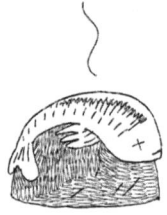

la marée basse quand elle sent mauvais

les chansons et le look de Nolwenn Leroy

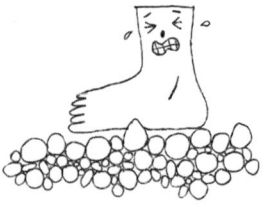

les rochers et les pierres sur la plage (il n'y a presque pas de sable)

les paysages qu'on voit partout à la télé (comme le phare du Men Ruz par exemple)

quand ça sent le pipi autour des menhirs

les gens qui râlent parce qu'il pleut toujours en Bretagne

Liste des choses qui me plaisent en Bretagne

les Bretons qui se
prennent pour Astérix

être à Océanopolis et imaginer
comment les poissons voient
les touristes

les ruines isolées dans
la campagne style Blair
Witch Project

Crêpe fromage	7,00
Crêpe jambon	8,00
Crêpe jambon-fromage	9,00
Crêpe jambon-fromage-œuf	9,50

les crêperies traditionnelles

l'océan le matin

les grands-mères qui regardent
« Les Feux de l'amour » à la télé

les Fest-Noz (surtout quand on y
rencontre des filles-aux-yeux-
couleur-de-l'océan-le-matin)

la découverte d'un phare dans
le brouillard juste au moment où
on croit qu'on est perdu

Et puis finalement… la pluie…

1er août, forêt de Paimpont, 15 heures

Ça y est ! Je suis enfin arrivé ! La forêt de Paimpont est la forêt de
Merlin. J'adore cet endroit avec ses vieux arbres et ses vieux rochers !
Au début, il y a beaucoup de monde, le chemin a l'air d'une autoroute
à touristes, mais j'ai marché vite et je suis allé très loin dans la forêt.
5 Maintenant, je suis tout seul. Je m'installe sur un rocher. Il ne pleut
plus. Les couleurs sont tristes et pourtant, c'est beau.
Je pense à ma mère.

Si vous me connaissez, vous saurez où je suis...

Est-ce que ma mère sait que je suis là, maintenant ? Est-ce qu'elle sait
que j'adore cet endroit à cause des histoires qu'elle me racontait
10 quand j'étais petit ? Autrefois, quand on habitait encore à Quimper,
elle jouait la fée Vivienne dans une série à la télé. Elle était très belle
avec ses longues robes et ses longs cheveux. Elle avait quelque chose
de magique. Tous mes copains étaient jaloux, et moi, j'étais fier !

Mais maintenant, ma mère ne sort plus… Je crois qu'elle a perdu ses super pouvoirs. Quand je rentre, je vois parfois qu'elle a pleuré toute la journée. Elle est toujours très gentille avec moi, mais elle ne fait plus rien, on dirait qu'elle a peur du monde, c'est horrible.

5 Mon père est triste aussi bien sûr, mais il dit qu'il ne peut pas l'aider. Et il part avec son équipe. Je trouve qu'il est lâche. Parfois, je pense qu'il part au grand air parce que chez nous, il n'y a plus assez d'air. En même temps, c'est aussi sa faute ! Il pense plus à son travail qu'à sa famille ! C'est à cause de lui si ma mère est comme ça !

10 Moi, j'ai longtemps essayé de faire des blagues pour faire rigoler ma mère. ← Parfois, elle rigole un peu, mais pas vraiment…
Je ne sais pas ce que je peux encore inventer. Je n'arrive plus à être drôle. C'est peut-être ça que Will a senti. Quand on a fait l'impro et qu'Elsa-Marie a fait « Bouhouhou ! », je n'ai pas pu jouer mon rôle.

15 À cause de l'histoire avec ma mère, pour moi, consoler quelqu'un, ce n'est pas drôle. Will a senti ça. Il a senti que j'exagérais, que je n'étais pas sincère. Il voulait que je sorte de mon rôle. C'est pour ça qu'il a dit « Arrête, tu n'es pas drôle ! »

Cette découverte me fait du bien. Je ne suis plus furieux contre Will.

20 Maintenant, je comprends mieux ses phrases zarbi. ← Comme « Pour être un bon clown, il faut oublier ses vieux rôles. »
Je touche mon portable dans la poche de mon pantalon. Mais il est encore trop tôt pour lui écrire. Je me lève et je quitte mon rocher.
Ce n'était pas le rocher de Merlin, mais il avait quelque chose de

25 magique quand même !
Il y a même un peu de soleil ! Tout à coup, la forêt est magnifique. Je suis content. Je rentre à Paimpont, je vais faire du stop, je veux continuer ma route… Je veux encore aller ce soir jusqu'à l'océan !

1er août, en route vers l'océan, 17 heures 25

J'ai eu de la chance, j'ai attendu environ cinq minutes et une voiture s'est arrêtée ! Ce sont deux jeunes femmes qui rigolent tout le temps. Elles s'appellent Lou et Manon. Je leur dis que je vais chez ma grand-mère qui habite dans un village près de Douarnenez, au nord de Quimper. Elles me croient.

Et vous ?
Vous allez où ?

… Au bout du monde!

Elles rigolent encore. Je ne comprends pas. Lou m'explique.

C'est un festival de musique qui s'appelle « Le bout du monde » et qui a lieu chaque année en août près de Camaret-sur-Mer. Nous, on travaille là-bas, on aide les organisateurs. On ne gagne pas d'argent, mais on peut voir tous les concerts, c'est cool…

Il y a plein de groupes super qui jouent là-bas !

Ah bon, lesquels ?

Elle me donne une feuille. C'est un programme du festival.
Il commence dans cinq jours, juste après la fin de la colo.

Il y a plusieurs noms qui me disent quelque chose.

The Celtic Social Club, c'est le groupe que j'ai entendu chez Loïc !

Fakear que j'ai entendu plusieurs fois au Mango...

C'est le groupe qu'Elsa-Marie a sur son tee-shirt ! Il a l'air branché... je ne savais pas...

On parle de musique. Elles m'apprennent un tas de choses.
Tout à coup, Manon me donne un truc. Ce sont des billets gratuits.
Il y en a deux. Je pense à la fille-aux-yeux-couleur-de-l'océan-le-
5 matin. Si elle m'appelle, je l'inviterai au bout du monde ! Puis je relis
sur le programme le nom du groupe qu'Elsa-Marie adore. Je repense
à son visage quand j'ai donné mon numéro de portable à la fille du
Fest-Noz... Et aussi à notre répétition ensemble, le jour où elle ne
bougeait plus et où elle avait ses yeux-de-la-nuit-qui-tuent... En fait,
10 je voudrais bien passer une soirée avec Elsa-Marie aussi, découvrir qui
elle est vraiment et ce qu'elle pense de moi quand elle ne marche pas
sur les mains ? ⟵ écouter Vaudou Game avec elle
Tout à coup, je repense à son dernier texto. Qu'est-ce qu'elle a dit ?
Un truc comme « Je sais où tu es et je vais venir te chercher... »
15 Mais comment est-ce qu'Elsa-Marie peut savoir où je suis ? Je ne lui
ai jamais raconté mes secrets... Mes parents peuvent me trouver,
mais pas Elsa-Marie...
Lou et Manon discutent encore, mais je n'écoute plus, je regarde mes
messages. Et c'est là que je découvre un truc de fou !

Nouveaux messages

Papa, 31.07., 23 heures 54
On doit te retrouver ? Mais où ? Qu'est-ce que c'est, cette énigme ?
À quoi tu joues, Tristan ?

Maman, 31.07., 23 heures 55
Tristan, mon trésor, nous allons te retrouver.
Mais fais attention, ta maman qui t'aime

9 heures
1 appel en absence

Mélanie, 9 heures 16
Maintenant, Elsa-Marie a disparu aussi ! N'importe
quoi ! Les jeunes, si vous ne m'appelez pas bientôt,
on ne pourra pas faire le spectacle de cirque !

Césario, 9 heures 47
D'accord, tu en as marre, mais rentre, ce serait sympa… Notre
spectacle est dans trois jours et sans toi, on est un peu dans la
merde ! En plus, Will est vraiment désolé, Mélanie ne dort plus,
Elsa-Marie a disparu ! Tu ne peux pas envoyer tes coordonnées GPS,
comme ça, on vient te chercher et on n'en parle plus, d'accord ?

10 heures 41
3 appels en absence

11 heures
Salut Tristan, je m'appelle Claire, nous nous sommes rencontrés au
Fest-Noz à Saint-Malo, tu te souviens ? Au début, je ne voulais pas
t'appeler, mais maintenant, je sais que tu es le trésor d'une chasse au
trésor à travers la Bretagne, alors, j'aimerais bien te retrouver !
C'est Elsa-Marie qui m'a tout raconté. Elle pensait que tu étais chez
moi, alors elle est venue. Elle est vraiment super sympa. Maintenant,
nous te cherchons ensemble. Biz!

J'ai lâché mon portable. Le truc de fou ！

La fille-aux-yeux-couleur-de-l'océan-le-matin m'écrit.

Elle s'appelle Claire.

Elle est avec Elsa-Marie.

5 Elles me cherchent ensemble.

Mais comment est-ce que c'est possible ?

Elsa-Marie a pensé que j'étais là-bas…

Elle m'a prévenu : «Si tu ne reviens pas, j'irai te chercher….»

Elsa-Marie… Je pense à tout ce que je lui ai dit… En fait, je devrais

10 simplement lui dire : «Elsa-Marie, tu n'es pas une fille, tu es une nana formidable ！»

Mais finalement, j'écris :

> Moi, 17 heures 47
> Je ne suis plus sur la côte, mais quand on est sur la côte, on peut voir où je suis ! Je vous embrasse toutes les deux, Tristan

Je m'arrête. Je regarde encore une fois les autres messages. Je ne
veux pas répondre à mon père. Je ne veux pas répondre à ma mère.

15 Je ne veux pas envoyer mes coordonnées GPS à Césario. Je voudrais
que Mélanie ne s'inquiète plus. Je voudrais aussi dire à Will que je ne
suis plus furieux, mais je ne sais pas encore comment. Je range mon
portable dans ma poche. J'attends encore un peu.

Nous arrivons près de Douarnenez. Lou et Manon me laissent. Avant

20 de nous séparer, nous échangeons nos numéros de portable pour
nous retrouver plus facilement au festival. Je sens les deux billets
dans ma poche… ← Je me demande avec qui je vais y aller…

1er août, près de Douarnenez, 18 heures

Je suis complètement à l'Ouest.
Je suis comme une crotte
sur le bout du nez de la France.
Je suis seul avec l'océan.
5 Je me sens bien.
Le vent souffle dans mes cheveux.
L'air me nettoie la tête.
Je suis tranquille.
Je marche sur le long chemin qui suit la côte. C'est le soir. Les tou-
10 ristes qui ont pris le soleil toute la journée quittent la plage. Ils sont
tous bronzés. J'ai la vue pour moi tout seul. C'est magnifique.

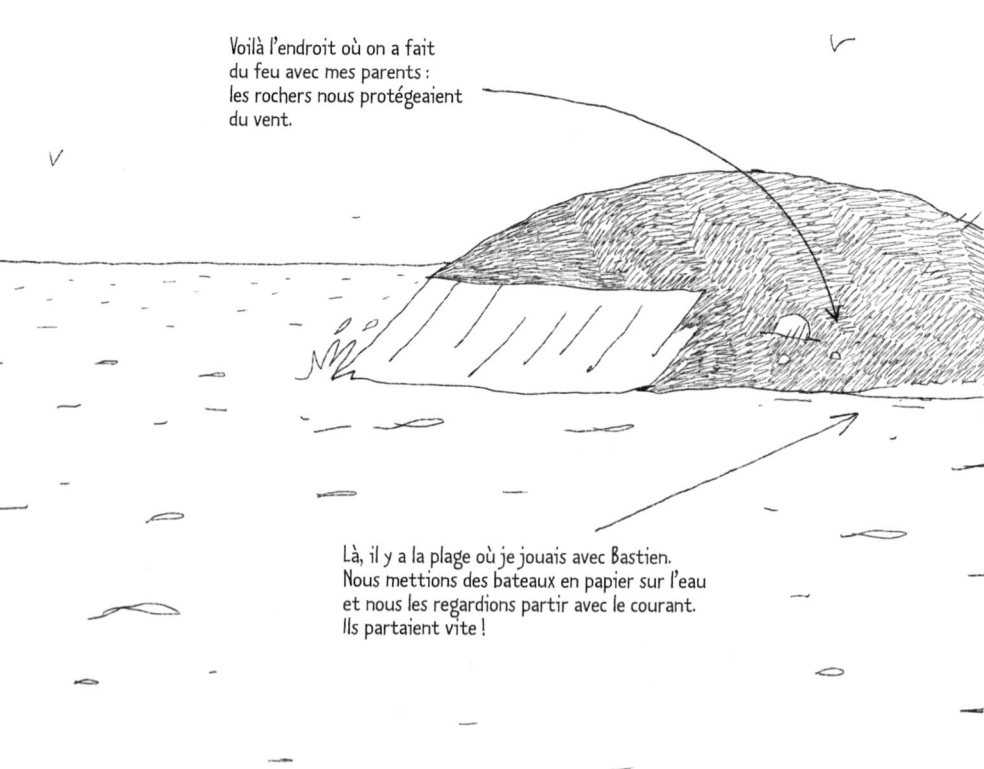

Voilà l'endroit où on a fait
du feu avec mes parents :
les rochers nous protégeaient
du vent.

Là, il y a la plage où je jouais avec Bastien.
Nous mettions des bateaux en papier sur l'eau
et nous les regardions partir avec le courant.
Ils partaient vite !

Je marche longtemps. La lune se lève. Bientôt, le soleil va se coucher.
Je me dépêche. Je voudrais arriver avant la nuit.
Enfin, je vois le phare au loin. Il est très beau. Je vais vers lui.
J'arrive. Il y a une échelle. Je monte. À cette hauteur, on voit tout le
5 paysage. Je découvre mon île. L'île qui s'appelle comme moi.
L'île de mes sept ans. L'île Tristan.
Elle n'a pas changé. D'ici, elle ressemble à une baleine qui joue avec
les vagues.

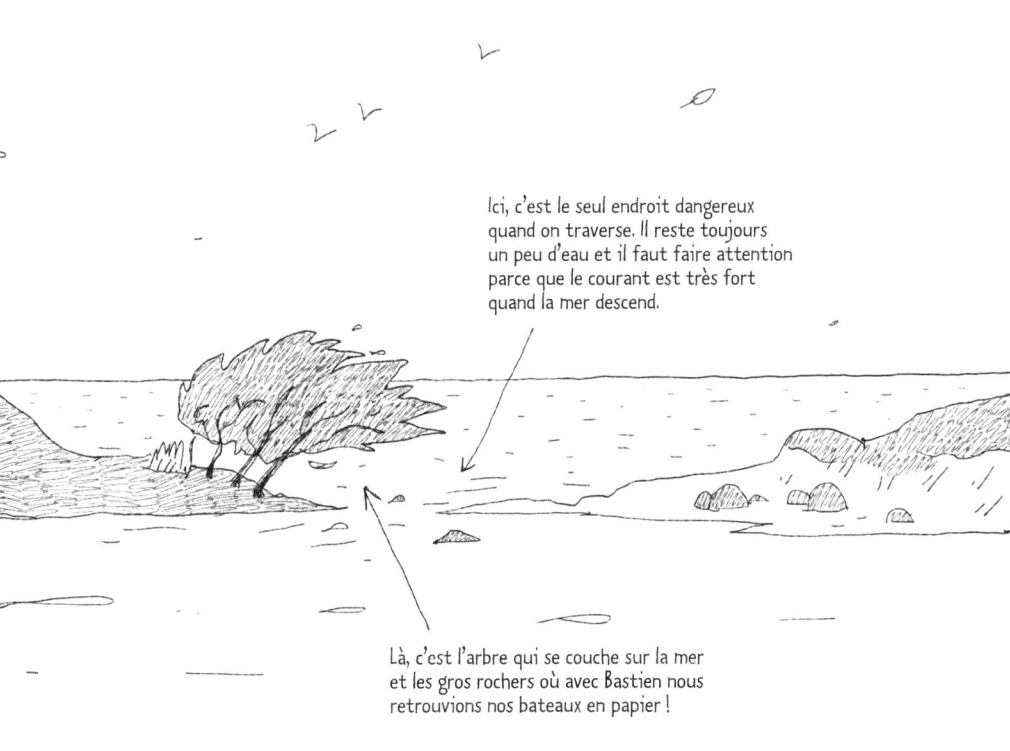

Ici, c'est le seul endroit dangereux quand on traverse. Il reste toujours un peu d'eau et il faut faire attention parce que le courant est très fort quand la mer descend.

Là, c'est l'arbre qui se couche sur la mer et les gros rochers où avec Bastien nous retrouvions nos bateaux en papier !

Je suis content. J'ai de la chance. La mer est en train de descendre.
10 Bientôt, la baleine sera couchée sur un lit de rochers et je pourrai y
aller à pied, sans problème.

2 août, un homme à la mer, 4 heures du matin

C'est incroyable ! Les images passent dans ma tête comme un film.
Voilà ce qui s'est passé.
J'ai traversé à marée basse. J'ai retrouvé mon île. Comme j'étais super
fatigué, je me suis couché dans un trou entre les rochers et j'ai
5 dormi… Mais ça n'a pas duré longtemps…
Tout à coup, j'ai entendu des cris. Des cris horribles. Ils venaient de la
mer. Je me suis levé. Il faisait nuit, mais avec la lune, on voyait assez
bien. J'ai tout de suite compris. Il y avait quelqu'un dans la mer, à
l'endroit le plus dangereux. Le courant était en train de l'emporter
10 vers les gros rochers. C'est quelqu'un qui n'a pas fait attention. Il a
choisi le plus mauvais moment pour traverser, le moment où la mer
descend. Même quand on sait très bien nager, on ne peut pas lutter
contre le courant à cet endroit. Il est trop rapide.

Alors, j'ai couru. J'ai couru le plus vite possible. J'ai couru jusqu'au
15 bout de mon île. J'ai couru dans le noir. J'ai couru pour sauver l'aventurier le plus célèbre de France. Car c'était lui. Daniel Lemarchu.
La star des enfants. Le spécialiste de la nature et de l'aventure.
Mon père. Et il était en train de se noyer.

Au bout de l'île, il y avait les rochers, et puis il y avait l'arbre. Je le connaissais bien. C'était l'arbre que nous utilisions avec Bastien pour récupérer nos bateaux en papier près des gros rochers. Je me suis dépêché. Les cris étaient très près maintenant.

5 Je voulais mettre la branche principale de l'arbre dans l'eau. Elle était plus grande et plus longue qu'autrefois, mais aussi plus lourde. Je ne pouvais pas la bouger.

Alors, je suis monté sur la branche. Je suis allé le plus loin possible vers le bout de la branche. J'étais au-dessus des vagues et je devais
10 bien la tenir pour ne pas tomber.

Je suis allé encore un peu plus loin. La branche touchait l'eau maintenant. Une vague a poussé mon père vers l'arbre. Sa main a attrapé la branche.

J'ai reculé. La branche est remontée, et mon père aussi. C'est comme
15 ça que je l'ai sorti de l'eau.

Je suis descendu de l'arbre. Mon père m'a suivi. Nous sommes arrivés sur le rocher. La mer ne l'a pas eu. Je l'ai sauvé.

Maintenant, nous sommes autour d'un feu. Je regarde les flammes.
Elles ressemblent à des femmes. Et elles me parlent.

La plus grande me rappelle ma mère, avec ses longs cheveux en liberté.

Ces deux petites flammes qui s'amusent, ce sont Lou et Manon, en route pour leur festival.

La flamme bleue presque transparente qui court pour aller retrouver les autres, c'est Claire.

La flamme orange qui danse autour de la branche et qui tout à coup grandit et devient belle, c'est Elsa-Marie.

La plus petite qui peut disparaître à tout moment, c'est ma grand-mère. C'est vrai, elle n'habite pas à Rennes, elle n'habite pas dans un village près de Douarnenez non plus, mais elle habite en Bretagne et je voudrais aller la voir bientôt pour regarder encore une fois « Les Feux de l'amour » avec elle !

Les vêtements de mon père sèchent près du feu. Il a fait un trou dans le sable pour ne pas avoir froid. Il n'est peut-être pas super sportif, mais il est quand même toujours ultra créatif !

Il me dit merci. Il me dit qu'il est l'aventurier le plus con de France.
5 Il dit qu'il va prendre des vacances. Il me demande si j'ai envie d'aller avec lui au Canada. Je réfléchis. Je repense à Will et au Cirque du Soleil. Puis je touche les billets pour le Festival du Bout du Monde dans ma poche. Je regarde mon père :
« Astheure, je n'ai pas le temps, mais peut-être la semaine pro-
10 chaine… »
On rigole. Il fait encore un peu nuit et je ne vois pas encore bien les yeux de mon père, mais je sens que quelque chose a changé chez lui. C'est peut-être son masque comme dit Will. Son masque d'animateur le plus célèbre de France.   *ou alors ses lunettes*
15 Il l'a perdu dans la mer quand il était en train de se noyer.
Il ne me regarde plus comme un rat de laboratoire qui peut lui apprendre des choses sur les jeunes. Il me regarde plutôt comme un fils qui peut lui apprendre des choses sur lui-même.

Le jour se lève sur la côte.
20 Depuis notre île, le spectacle est magnifique.

Tout à coup, je vois trois personnes sur la plage. Il y a un homme et deux jeunes filles. Une des filles court et fait une roue, l'homme lève la main pour nous dire bonjour. Ce sont Elsa-Marie et Will. À côté d'eux, une fille va vers la mer… Je ne peux pas encore voir ses yeux,
25 mais je sais que c'est Claire.

2 août, une île pas vraiment déserte, 21 heures 20

Finalement, nous avons passés toute la journée sur l'île.

Will, Elsa-Marie et Claire ont pu traverser à marée basse. J'ai embrassé Elsa-Marie. J'ai fait un check avec Will. J'étais toujours timide avec Claire, mais elle est venue directement me faire la bise et m'a expli-
5 qué :

Quand on a lu ton message, on a compris que tu étais sur une île, mais laquelle ? On a regardé la carte, il y en avait plein ! On ne savait pas trop où aller ! Et puis on a vu qu'il y avait une île qui s'appelait l'île Tristan, alors voilà. Comme c'était un peu loin, on a appelé Will, qui est venu nous chercher avec sa voiture, et on est venus ici tous ensemble !

Claire est sympa. Cette énigme et cette aventure à travers la Bretagne avec Elsa-Marie lui ont beaucoup plu. Et elle adore l'île Tristan. Elle continue :

Tu veux savoir comment Elsa-Marie a fait pour me trouver ? Eh bien, elle a attendu deux heures hier sur le parking de Saint-Malo !! Elle a eu cette idée parce que c'était le jour du marché… Et tous les touristes vont au marché… Eh bien, elle avait raison ! Nous sommes arrivés et elle m'a parlé. Génial, non ?

Claire est moins romantique que dans mes rêves… Et surtout, elle est
10 très bavarde…

Pourquoi est-ce que tu as quitté la colo ? Moi, la colo, c'est mon rêve ! Je voudrais pouvoir passer mes vacances avec un groupe de jeunes sympa comme vous ! C'est pour ça que je suis venue danser avec vous au Fest-Noz. Je voudrais vraiment vivre des aventures comme vous ! Heureusement, Elsa-Marie est venue me chercher et on a pu faire ce voyage ensemble, je suis super contente !

C'était bizarre.

J'étais entre Elsa-Marie et Claire.

J'étais entre mon père et Will.

Ils étaient tous venus là pour moi, j'étais content. Mais je ne me sentais pas vraiment bien… La situation me stressait un peu… Heureusement, ce n'était pas la dernière surprise de la journée.

5 Vers dix heures, on a vu un bateau qui venait vers nous… Au début, on ne voyait pas très bien… Et puis j'ai reconnu ses longs cheveux… C'était ma mère ! Incroyable. Elle qui ne sortait plus depuis des mois ! Elle a fait ce long voyage toute seule jusqu'ici ! Elle a même emprunté un bateau à Douarnenez pour venir sur l'île pendant la marée haute !

10 J'étais ultra fier ! Mon père aussi. Quand ils se sont retrouvés, c'était super touchant !

Daniel !

Mon amour !

Heureusement, les filles ont applaudi ! On a échappé à la scène de famille ultra kitsch, mais il était moins une !

Ensuite Will a appelé Mélanie, qui avait déjà une nouvelle idée…

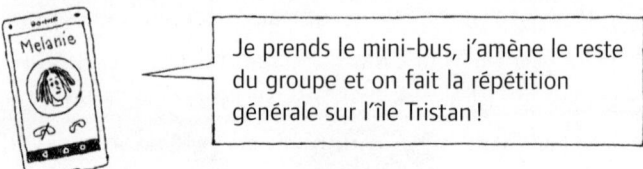

Je prends le mini-bus, j'amène le reste du groupe et on fait la répétition générale sur l'île Tristan !

Alors, j'ai vite envoyé nos coordonnées GPS à Césario… Ils sont arrivés trois heures plus tard. C'était fou… Parce que bien sûr, Mélanie n'est pas arrivée les mains vides… Elle avait tout ce qu'il
5 faut : le pique-nique, les boîtes d'accessoires…
Ma mère a fait des costumes pour notre spectacle avec des trucs qu'elle trouvait sur l'île. Pour les filles, elle a fait des coiffures super créatives, avec des feuilles et des algues… C'était très beau !
On a vraiment passé une super journée… Comme le jour de mes
10 sept ans, mais encore mieux !
La répétition générale a bien marché. Pour le numéro de clown, j'ai proposé un truc à Will. Il a été tout de suite d'accord. Moi, mon problème, ce sera allumer une télé. ←── Super sujet !
Comme on n'avait pas de télé, on a pris une boîte d'accessoires de
15 Mélanie…
J'ai mis mon nez rouge.
Je suis arrivé, j'étais content, je me frottais les mains.

D'abord j'ai vu ma
tête dans la télé et
20 j'ai eu très peur !

Ensuite, j'ai longtemps regardé le dos de
la télé et j'ai trouvé ça super intéressant.

Puis, j'ai voulu presser sur un
bouton, mais lequel ? J'ai hésité.
5 J'avais peur. Enfin, je me suis
décidé. J'ai choisi un gros bouton
rouge. J'ai montré mes muscles
au public. J'y suis allé. J'ai
pressé… et à ce moment, Will est
10 arrivé et a joué très fort avec sa
trompette la musique de l'émission « Grand Air ».

Tout le monde rigolait. Même mon père. Mais il était aussi un peu
rouge sous son bronzage. C'était touchant. Il faisait oui avec la tête et
15 ça voulait dire « Bravo mon fils ! » J'étais content. Ma mère applaudis-
sait très fort. Alors, je suis allé vers Will et je lui ai dit merci.

6 août, au bout du monde, 16 heures

Ma colo s'est bien finie. Je pense que c'était la dernière.

L'année prochaine, je partirai seul, ou alors avec des copines…

Je viens d'arriver au Festival du Bout du Monde avec Elsa-Marie et Claire. C'était super : J'ai appelé Lou et Manon, et on a pu entrer tous

5 les trois ! Claire et Elsa-Marie sont allées chercher un autographe.

Je les attends pour aller faire une balade sur la plage.

Claire m'impressionne moins qu'au début… J'arrive à lui parler presque normalement… Et Elsa-Marie ? Hmm, Elsa-Marie, je commence à faire plus attention à elle…

10 Mes parents ne sont pas là, ils ont pris un hôtel dans la région…

Un séjour en amoureux, cela leur fera du bien ! Je les retrouve dans une semaine, à la fin du festival !

Tout à coup, j'entends mon nom. Ce sont Loïc et Éliane. Ils sont venus ensemble écouter The Celtic Social Club. Ils ont l'air très amoureux.

15 On discute. Loïc va finir ses études, puis il ira passer une année en Belgique.

Les Belges vont apprendre l'art de la bédé à Éliane, et moi, je vais apprendre l'art de la crêpe aux Belges !

On rigole. Le groupe Vaudou Game est près du bar. Mes deux amies en reviennent, super contentes. Je les regarde, les yeux-couleur-de-l'océan-le-matin et les yeux-de-la-nuit-qui-tuent.

20 Je quitte Éliane et Loïc. Nous partons à trois pour la plage. Je me sens bien. L'été est encore long…

Vocabulaire

Der Lernwortschatz aus **À plus! 3**, *Nouvelle édition*,
Unité 5 und Module E ist mit einem Sternchen * gekennzeichnet.
Verben, die das *passé composé* mit *être* bilden,
sind so gekennzeichnet: (ê)

Symbole und Abkürzungen	
f.	*féminin*/feminin (weiblich)
m.	*masculin*/maskulin (männlich)
pl.	*pluriel*/Plural (Mehrzahl)
qc/etw.	*quelque chose*/etwas
qn/jd/jdn/jdm	*quelqu'un*/jemand/jemanden/jemandem
adj.	*adjectif*/Adjektiv
inf.	Infinitiv
fam.	*familier*/umgangssprachlich
vulg.	*vulgaire*/vulgär

A

à l'envers   verkehrt herum

à tout moment   jederzeit

absolument   unbedingt

l'**accessoire** *m.*   das Accessoire

l'**accrobranche*** *m.*   *Baumklettern
im Hochseilgarten*

l'**air*** *m.*   die Luft

l'**aire de repos*** *f.*   der Rastplatz,
die Raststätte

l'**algue** *f.*   die Alge

allumer qc   etw. einschalten

s'**amuser à** + *inf.*   etw. zum Spaß tun

l'**animateur**/l'**animatrice*** *m./f.*
der/die Animateur/in

l'**arme** *f.*   die Waffe

l'**art de (la bédé)** *m.*   die (Comic)kunst

astheure *français du Québec* =
maintenant

attaquer   *hier:* beginnen

attraper qc   etw. fangen, erreichen

au bout de qc   am Ende von etw.

au fond de qc   unten in etw.,
am Grund von etw.

au grand air*   an der frischen Luft

au moins   mindestens

au milieu de qc   in der Mitte von

au moment où   in dem Augenblick, als

au-dessus   über

aussitôt   gleich

l'**autographe** *m.*   das Autogramm

l'**autoroute** *f.*   die Autobahn

autour de*   um … herum

avancer   vorwärts gehen, kommen

avant de* + *inf.*   bevor

l'**aventurier**/l'**aventurière** *m./f.*
    der/die Abenteurer/in

avoir envie de qc*   Lust auf etw.
    haben

B

le **baiser**   der Kuss

la **baleine**   der Wal

la **balle**   der Ball

le **banc**   die Bank

la **bière**   das Bier

blesser qn   jdn verletzen

boire qc*   etw. trinken

la **boîte***   die Dose, die Schachtel

Bonne chance!   Viel Glück!

le **bouchon***   der Stau

la **branche**   der Ast

braquer une banque   eine Bank
    überfallen

Brest   *Stadt in der Bretagne*

la **Bretagne***   *Region im Nordwesten
    Frankreichs*

breton/bretonne**adj.*   bretonisch

briser   brechen

le **bronzage**   die Bräune

bronzé/e* *adj.*   sonnengebräunt

le **brouillard**   der Nebel

C

c'est là que   da

C'est typique !   Das ist typisch!

le **caca** *fam.*   der Kot

la **cache***   das Versteck, der Cache

cacher qn/qc   jdn/etw. verstecken

la **caméra**   die Kamera

le **camion**   der Lastwagen

la **campagne***   das Land *im Gegen-
    satz zur Stadt*

le **camping***   der Campingplatz

le **canapé**   das Sofa

Camaret-sur-Mer*   *kleiner bretoni-
    scher Fischerort*

Carnac*   *Ort im Süden der Bretagne*

carrément *fam.*   wirklich, völlig

le **carton**   der Karton

catholique *m./f. adj.*   katholisch

ce matin-là   an jenem Morgen

ce soir-là   an jenem Abend

Ce serait sympa.*   Das wäre nett.

c'est du pipi de chat *fam.*   das ist
    ein Pups dagegen

certain/e *adj.*   manche

changer   sich verändern, wechseln

chargé/e* *adj.*   überladen

la **chasse au trésor***   die Schatzsuche

la **chaussure***   der Schuh

le **chevalier**   der Ritter

les **chevaliers de la table ronde**
    die Ritter der Tafelrunde

le **chewing-gum**   der Kaugummi

Chinon   *mittelalterliche Stadt*

la **cicatrice**   die Narbe

le **cirque***   der Zirkus

la **cité corsaire***   *Beiname der Stadt
    Saint-Malo, wörtl.:* Korsarenstadt

clair/e *adj.*   hell, klar

le **client/e**   der Kunde / die Kundin

cliquer sur qc   etw. anklicken

le **cœur**   das Herz

la **coiffure**   die Frisur

la **colo*** *fam.* (la **colonie de vacances**) das Feriencamp, die Themenfreizeit

combattre kämpfen

comme* als, da

con/conne *adj. vulg.* blöd

la **concurrence** die Konkurrenz

continuer* weitergehen, anhalten

les **coordonnées*** *f. pl.* die Koordinaten

le **corsaire** der Korsar, der Freibeuter

le **costume** der Anzug, das Kostüm

le **costume de plongée** der Taucheranzug

le **côté** die Seite

la **Côte de Granit rose*** *Küstenstreifen aus Granitgestein in der nördlichen Bretagne*

la **côte*** die Küste

couché/é *adj.* liegend

le **coup de pied** der Fußtritt

le **courant** die Strömung

(ê) se **coucher** sich hinlegen, schlafen gehen, untergehen (die Sonne)

la **cravate** die Krawatte

créatif/créative* *adj.* kreativ

la **crêpe*** die Crêpe

la **crêperie*** die Crêperie

le **cri** der Ruf, der Schrei

croire que glauben, dass

le **croissant** das Croissant

la **crotte (de nez)** *fam.* der Popel

D

d'ailleurs übrigens

déchirer qc etw. zerreißen

la **découverte*** die Entdeckung

se **défendre** sich verteidigen

se **demander** sich fragen

(ê) **descendre** *hier:* zurückgehen

difficile* *m./f. adj.* schwer, schwierig

la **difficulté*** die Schwierigkeit

directement direkt

la **discothèque** die Diskothek

discuter reden

le/la **DJ** der/die DJ

donc* also, folglich

se **donner de grands airs** wichtig tun

se **donner du courage** sich selbst Mut machen

le **dos** *hier:* die Rückseite

Douarnenez *kleine Stadt in der Bretagne*

draguer qn *fam.* jdn anbaggern

le **drapeau*** die Fahne, die Flagge

durer* dauern

E

échapper à qn/qc jdm/etw. entkommen, entgehen

l'**échelle** *f.* die Leiter

l'**école primaire** *f.* die Grundschule

l'**écran** *m.* der Bildschirm

l'**élève modèle** *m./f.* der/die Musterschüler/in

embrasser qn jdn küssen

emmener qn/qc jdm/etw. mitnehmen

l'**émotion** *f.*   die Emotion
emporter   mit sich reißen
en*   davon
en amoureux   in trauter Zweisamkeit
en avoir marre de qn/qc *fam.*
   die Nase voll haben von jdm/etw.
en faire trop   übertreiben
en fait   eigentlich
en vérité   eigentlich, in Wirklichkeit
l'**énigme*** *f.*   das Rätsel,
   das Geheimnis
enlever qc   etw. entfernen, ausziehen
en route pour/vers qc   auf dem Weg
   nach
entier/entière *adj.*   ganz
l'**équipe** *f.*   das Team
l'**équitation*** *f.*   das Reiten
l'**escalade*** *f.*   das Klettern
essayer de + *inf.*   versuchen etw. zu
   tun
éteindre qc   etw. ausschalten
être assis/e   sitzen
être content/e de + *inf.*   sich freuen,
   etw. zu tun
être dans la merde *vulg.*   in der
   Scheiße sitzen
être désolé/e   jdm leid tun
être en train de*   dabei sein, etw.
   zu tun
être suspendu/e   hängen
l'**explication** *f.*   die Erklärung
exploser   explodieren

F

facilement   leicht
faire attention à qn   auf jdn
   aufpassen

faire du stop   per Anhalter fahren
faire la bise à qn   jdm ein Küsschen
   geben
faire la roue   ein Rad schlagen
faire rigoler   zum Lachen bringen
faire semblant de   so tun als ob
faire signe à qn   jdm zuwinken
faire un check   sich mit einem Hand-
   schlag begrüßen *(unter Jugendlichen)*
faire un vol plané *fam.*
   in hohem Bogen fliegen
la **fée Vivienne**   die Fee Vivienne
le **feu***   das Feuer
les **Feux de l'amour**   *die Fernsehserie*
   ,Schatten der Leidenschaft'
filmer   filmen
finalement   schließlich
la **flamme**   die Flamme
flotter   flattern
le **fond de teint**   das Make-up
la **fontaine**   der Springbrunnen
la **forêt de Paimpont***   *sagen-*
   umwobener Wald in der Nähe der
   Ortschaft Paimpont
fou amoureux/folle amoureuse *adj.*
   bis über beide Ohren verliebt
se **frotter les mains**   sich die Hände
   reiben

G

gagner de l'argent   Geld verdienen
le **géocaching***   das Geocaching
gratuit/e *adj.*   frei, kostenlos

H

la **hauteur*** die Höhe
le **héros**/l'**héroïne** der/die Held/in
La **honte!** *fam.* Wie peinlich!
kitsch *m./f. adj.* kitsch

I

Il était moins une ! *fam.* Das war
haarscharf!
il paraît que angeblich
imaginer sich vorstellen
imiter nachahmen
impressionner beeindrucken
l'**impro** *f. fam.*(l'**improvisation**)
die Improvisation
s'**inquiéter*** sich Sorgen machen
l'**insecte** *m.* das Insekt
inventer qc* etw. erfinden
isolé/e *adj.* einsam gelegen

J

J'en ai marre !* *fam.* Mir reicht's!
jaloux/jalouse *adj.* eifersüchtig,
neidisch
je crois que* ich glaube, dass
je n'en reviens pas ich kann es kaum
glauben
je suis complètement à l'ouest *fam.*
wörtl.: ich bin ganz im Westen, *in*
übertragenem Sinn: ich bin völlig
neben der Spur
je voudrais que ich möchte, dass
jongler jonglieren
le **jongleur/**la **jongleuse** der/die
Jongleur/in

jusqu'au bout des ongles (z. B.
breton jusqu'au bout des ongles)
durch und durch, *wörtl.:* bis zur
Nagelspitze

L

laisser partir qn jdn weggehen
lassen
lancer une idée eine Idee einwerfen
lequel/laquelle/lesquels/
lesquelles* welcher/welche/welches
le **legging** die Leggings
le **lendemain** am Tag darauf
lever qc etw. hochheben
(è) se **lever** aufstehen, aufgehen
(die Sonne)
la **Loire** *französischer Fluß*
long/longue* *adj.* lang
lourd/e *adj.* schwer
lui-même selbst
la **lune** der Mond
les **lunettes** *f. pl.* die Brille

M

la **madone** die Madonna
les **mains vides*** *f. pl.* mit leeren
Händen
la **manif** *fam.* / la **manifestation**
die Demonstration
le **maquillage** das Make-up,
die Schminke
marcher gehen, laufen, funktionieren
la **marée basse** die Ebbe
la **marée haute** die Flut
le **masque** die Maske
le **mec** *fam.* der Kerl

la **mécanique**   die Mechanik

le **menhir***   der Menhir, der Hinkel-
stein

mesurer   messen

la **méthode**   die Methode

mettre sur silencieux   lautlos stellen

le **minibus**   der Kleinbus

la **moitié**   die Hälfte

le **monstre**   das Monster

le **Mont-Saint-Michel**   *Ort in der
Bretagne*

mort/e *adj.*   tot

la **moustache**   der Schnurrbart

le **muscle**   der Muskel

N

la **nana** *fam.*   die Frau, das Mädchen

le **nez**   die Nase

Nolwenn Leroy   *französische
Sängerin, die traditionelle bretoni-
sche Lieder gesungen hat*

(ê) se **noyer**   ertrinken

la **nuit blanche**   die schlaflose Nacht

le **numéro**   die Nummer

O

l'**océan*** *m.*   der Ozean

Océanopolis*   *große Freizeitanlage
mit Aquarium in Brest in der Bretagne*

on dirait que   es sieht ganz so aus, als

l'**organisme*** *m.*   die Einrichtung,
die Institution

l'**os** *m.*   der Knochen

P

Paimpont*   *Ort in der Bretagne, in der
Nähe von Rennes*

par terre   auf dem Boden

le **parc du Thabor***   *Park im Stadt-
zentrum von Rennes*

le **parcours***   der Parcours

le **parlement de Bretagne***   *Palast in
Rennes*

le **pêcheur**/la **pêcheuse**
der/die Fischer/in

le **phare du Men Ruz***   *Leuchtturm
an der bretonischen Küste in der Nähe
von Ploumanac'h*

le **phare***   der Leuchtturm

la **philosophie**   die Philosophie

pixellisé/e *adj.*   verpixelt

plaire à qn*   jdm gefallen

plein de qn/qc   viel, voll von

pleuvoir*   regnen

Ploumanac'h*   *Ort an der nördlichen
Küste der Bretagne*

la **pluie**   der Regen

la **poche**   die Hosentasche

poser une question   eine Frage
stellen

la **position**   die Position

la **possibilité**   die Möglichkeit

pourtant   dennoch

pousser qc   etw. schieben, treiben

prendre le soleil*   sich sonnen

(ê) se **prendre pour qn/qc**   sich für
jdn/etw. halten

presser sur un bouton   auf einen
Knopf drücken

la **princesse**   die Prinzessin

professionnel/le *adj.*   Profi

protéger de qn/qc vor jdm/etw. schützen

le **public** das Publikum

la **pyramide humaine** die Menschenpyramide

Q

quarante de fièvre 40 Grad Fieber

Quel bouffon ! *fam.* Was für ein Idiot!

Quel idiot ! *fam.* Was für ein Idiot!

quelque part irgendwo

Quimper* *Stadt in der Bretagne*

quitter qn/qc jdn/etw. verlassen

R

rappeler qc à qn jdn an etw. erinnern

le **rat de laboratoire** *hier:* das Versuchskaninchen, *wörtl.:* die Laborratte

recevoir qc etw. bekommen

reculer zurückgehen

relire qc etw. noch einmal lesen

(e) **remonter** *hier:* wieder hinaufgehen

remplir qc etw. füllen

Rennes* *Stadt in der Bretagne*

renverser qc etw. umwerfen

repenser à qn/qc an jdn/etw. zurückdenken

la **répétition (générale)** die (General)Probe

le **reportage** die Reportage

(e) **se reposer*** sich ausruhen

ressembler à qn/qc jdm/etw. ähneln

résumer zusammenfassen

(e) **revenir** zurückkommen

le **rocher*** der Felsen

le **rocher de Merlin*** *Steinplatte im Wald von Paimpont, die mit der Geschichte um den Zauberer Merlin verbunden ist*

le **roi** der König

le/la **romantique** der/die Romantiker/in

romantique *m./f. adj.* romantisch

rose* *m./f. adj.* rosa

la **route*** die Landstraße

la **ruine** die Ruine

S

le **sable** der Sand

Saint-Malo* *Festungsstadt in der Bretagne*

Saint-Nazaire *Stadt in der Bretagne*

le **salto** der Salto

sauver qn/qc jdn/etw. retten

la **scène** die Bühne

sécher trocknen

la **seconde** die Sekunde

le **séjour*** der Aufenthalt

sentir qc nach etw. riechen

seul/e* *adj.* allein, einzig

sexy *m./f. adj. fam.* sexy

si* wenn

simplement einfach

sincère *m./f. adj.* ehrlich, echt

la **situation** die Situation

la **soirée*** der Abend in seinem Verlauf

le **sourire** das Lächeln

le/la **spécialiste** der/die Spezialist/in

le **spectacle** die Vorstellung

(e) **se stresser*** sich stressen

suivant/e *adj.* nächste/r/s

Surcouf* *aus Saint-Malo stammender Kaperer, lebte im 18./19. Jahrhundert*

sûrement* sicherlich

le **surf*** das Surfen

T

la **tablette** der Tablett-PC

Tant pis ! Schade!

tester qn/qc jdn/etw. testen

la **tête** der Kopf

TF1 *privater Fernsehkanal in Frankreich*

la **théorie** die Theorie

traîner *fam.* zurückbleiben, trödeln

transparent/e *adj.* durchsichtig

transporter qc etw. befördern

Trégastel* *Ort an der nördlichen Küste der Bretagne*

le **trésor*** der Schatz

(è) se **tromper** sich täuschen

la **trompette** die Trompete

la **troisième** *hier:* die neunte Klasse

le **trou*** das Loch

le **truc de fou** *fam.* etw. total Verrücktes

Tu voudrais qc ?* würdest du gern etw.? Hättest du gern etw.?

tuer qn jdn umbringen

U

ultra* *fam.* ultra

V

la **vague*** die Welle

le **vendeur**/la **vendeuse** der/die Verkäufer/in

venir de + *inf.*** gerade etw. getan haben

le **vent*** der Wind

le **verre** das Glas

vers qn/qc auf jdn/etw. zu, zu jdn/etw. hin

vibrer vibrieren

vide* *m./f. adj.* leer

la **vitre en verre** die Glasscheibe

la **voile*** das Segeln

le **volcan** der Vulkan

vomir erbrechen

le **voyage*** die Reise

Y

le **yoga** das Yoga

Yseult Isolde

À plus!

Le journal de Tristan
GRAND AIR

Catherine Grabowski
avec les illustrations de Sylvain Mazas

Vokabelannotationen
Anne Lapanouse

Verlagsredaktion
Julia Goltz (Projektleitung), Anne Lapanouse

Hörbuch
Tonaufnahme: Sören Schrader, Berlin / Sprecherin: Sylvie Krause-Grégoire

Umschlaggestaltung
werkstatt für gebrauchsgrafik, Berlin

Layout und technische Umsetzung
Heike Börner, Berlin

Unter www.cornelsen.de/webcodes gibt es als Download
– das Hörbuch zu *Grand air*.
  Gib folgenden Webcode ein: **APLUS-LEC-9**
– passende Arbeitsblätter. Gib folgenden Webcode ein: **APLUS-LEC-10**

www.cornelsen.de

1. Auflage, 5. Druck 2023

Alle Drucke dieser Auflage sind inhaltlich unverändert
und können im Unterricht nebeneinander verwendet werden.

© 2015 Cornelsen Schulverlage GmbH, Berlin
© 2017 Cornelsen Verlag GmbH, Berlin

Druck: AZ Druck und Datentechnik GmbH, Kempten

ISBN: 978-3-06-520799-7

PEFC-zertifiziert
Dieses Produkt
stammt aus
nachhaltig
bewirtschafteten
Wäldern und
kontrollierten Quellen

PEFC/04-31-2260   www.pefc.de